L^3_m

1160

L^3_m

1160

CONSULTATION

POUR

M. D'ISOARD-VAUVENARGUES

CONTRE

MM. DE CLAPIERS

Sur le mérite d'un jugement du Tribunal de première instance
d'Aix, en date du 19 décembre 1868.

I. Le dispositif du jugement est ainsi conçu :

« Le tribunal se déclare compétent, dit et déclare que c'est mal à
« propos et sans fondement que d'Isoard a prétendu dans ses oppo-
« sitions avoir un droit quelconque à la propriété du nom de Vauve-
« nargues, qu'il a ainsi fait préjudice aux sieurs de Clapiers, parents
« éloignés du dernier marquis de Vauvenargues, demandant d'en

« prendre le nom pour l'ajouter au leur, par un décret du souve-
« rain,

« Enjoint à d'Isoard de soulever les oppositions par lui faites, dans
« le mois de la signification du présent jugement, réservant tous leurs
« droits aux sieurs de Clapiers dans le cas où il ne le ferait pas.

« Condamne d'Isoard aux dépens. »

Ce jugement nous paraît avoir méconnu, tout à la fois, l'autorité de
la chose jugée et le principe de la séparation des pouvoirs administra-
tif et judiciaire.

II. Pour justifier la première critique, il convient de rappeler les
arrêts de la Cour impériale d'Aix et de la Cour de cassation, rendus :
l'un le 25 juillet 1867, l'autre le 20 avril 1868 (S. 68, 1, 194).

La Cour d'Aix et la Cour de cassation ont souverainement jugé deux
choses : 1° Que MM. de Clapiers n'ont aucun droit au nom de Vauvenargues ; 2° qu'en cet état ils n'ont aucune qualité ni aucun intérêt
pour en contester la propriété ou la possession à MM. d'Isoard.

Examinons maintenant ce qu'a jugé le tribunal d'Aix dans la première partie de son dispositif.

Il a jugé : 1° que M. d'Isoard n'avait aucun droit à la propriété du
nom de Vauvenargues ; 2° qu'en élevant dans ses oppositions une pré-
tention à cette propriété, il avait porté préjudice à MM. de Clapiers.

III. Au premier abord, la comparaison du dispositif du jugement
avec l'arrêt de la Cour d'Aix et celui de la Chambre des requêtes ne fait
pas ressortir clairement la contradiction et la violation de la chose
jugée.

C'est pourquoi le tribunal ne l'a pas aperçue, ainsi que l'atteste le
motif suivant :

« Attendu qu'il y a lieu de constater ici que les sieurs de Clapiers
« ayant été déclarés non recevables, comme n'ayant qualité ni intérêt,
« la question du fond ne fut point jugée, et que les diverses juridic-
« tions devant lesquelles fut portée cette affaire n'eurent point à exa-
« miner si les sieurs d'Isoard avaient réellement le droit de porter le
« nom de Vauvenargues. »

Cela est vrai, mais pourquoi ces diverses juridictions n'ont-elles pas vérifié les droits de MM. d'Isoard? Parce que MM. de Clapiers étaient reconnus sans qualité ni intérêt pour les contester.

« Attendu, dit le dernier motif de l'arrêt d'Aix, que la fin de non-« recevoir étant admise, il n'y a pas lieu de rechercher au fond si la « famille d'Isoard porte régulièrement le nom de Vauvenargues. »

Il a donc été souverainement jugé que la fin de non-recevoir, tirée du défaut de qualité et d'intérêt, faisait obstacle au jugement du fond, c'est-à-dire au jugement de la question de savoir si MM. d'Isoard avaient, ou non, le droit de porter le nom de Vauvenargues.

Or, que fait le tribunal d'Aix? Il juge le fond, c'est-à-dire la question de propriété du nom; il renverse l'obstacle que la Cour d'Aix et la Cour de cassation avaient jugé insurmontable; il écarte la fin de non-recevoir tirée du défaut de qualité et d'intérêt des demandeurs, et viole ainsi expressément la chose jugée.

IV. Dira-t-on que MM. de Clapiers ont aujourd'hui une nouvelle qualité et un nouvel intérêt qu'ils n'avaient pas lors de l'arrêt d'Aix? Que cette qualité et cet intérêt dérivent de la demande formée par eux devant le garde des sceaux, à l'effet d'être autorisés à porter le nom de Vauvenargues et de l'opposition à cette demande formée par MM. d'Isoard?

Cela ne serait soutenable ni en fait ni en droit.

Lors de l'arrêt d'Aix, le 25 juillet 1867, MM. de Clapiers avaient déjà formé leur demande en addition de nom devant l'administration supérieure, et déjà ils avaient tenté de se créer un titre à l'aide de cette demande insérée au *Moniteur* des 2 et 3 janvier 1867, et suivie de l'opposition de MM. d'Isoard dans les trois mois de l'insertion.

Or, la Cour d'Aix avait répondu :

« Attendu qu'ils excipent vainement de l'intérêt qui serait né pour « eux de la demande qu'ils ont introduite devant le Conseil du sceau « des titres et qui tend à obtenir de joindre à leur nom celui de Vau-« venargues; attendu, en effet, que cet intérêt qu'il appartiendrait au « premier venu de faire naître, ne saurait suppléer à la qualité qui « leur manque, ni équivaloir à un intérêt préexistant et dérivant de « cette qualité. »

Devant la Cour de cassation, les demandeurs insistaient plus spécia-
lement encore sur ce prétendu intérêt.

« Les sieurs de Clapiers, disait le pourvoi dont le recueil de Sirey
« nous donne l'analyse, t. 68, 1, 196, ont, dans l'espèce, excipé d'un
« intérêt tout spécial tiré de la demande qu'ils ont formée à l'effet
« d'être autorisés par le Gouvernement à ajouter à leur nom celui de
« Vauvenargues, et à laquelle les sieurs d'Isoard ont formé opposition
« en soutenant que le nom de Vauvenargues leur appartenait. Aux
« termes de l'art. 4 d'un arrêté du Garde des sceaux sur les change-
« ments de nom, en date du 25 juin 1828, il est sursis à statuer à toute
« instruction et à toute décision sur les demandes qui ont été l'objet
« d'opposition dans les bureaux du ministère, jusqu'à ce que les parties
« intéressées se soient entendues pour faire cesser l'opposition, ou
« qu'il ait été statué sur cette opposition en justice réglée. Conformé-
« ment aux dispositions de cet arrêté, la demande des sieurs de Cla-
« piers se trouve actuellement paralysée par l'opposition des sieurs d'I-
« soard, jusqu'à ce qu'il ait été statué sur cette opposition en justice
« réglée. Il y a donc pour les demandeurs en cassation un intérêt
« sérieux et actuel à obtenir des tribunaux civils qu'ils se prononcent
« sur le mérite des prétentions des sieurs d'Isoard ; et cet intérêt, dont
« l'arrêt attaqué a refusé de tenir compte, suffisait à lui seul à justifier
« la recevabilité de leur action. »

La Cour de cassation écarte à son tour cette argumentation en
disant :

« Qu'à l'objection prise de ce qu'ils étaient en instance pour obtenir
« l'autorisation de joindre à leur nom celui de Vauvenargues, le juge
« du fait a répondu, à bon droit, que cet intérêt, que le premier venu
« peut se créer, ne saurait suppléer à la qualité qui leur fait si absolu-
« ment défaut. »

V. Ainsi, devant la Cour d'Aix et devant la Cour de cassation,
MM. de Clapiers se prévalaient déjà pour justifier leur action de l'instance administrative par eux engagée, et de l'opposition formée par
MM. d'Isoard dans cette instance. Ces deux Cours n'en proclament pas
moins le défaut d'intérêt et de qualité, et n'en déclarent pas moins
l'action irrecevable.

Devant le tribunal d'Aix, rien de nouveau assurément dans la qualité ni dans l'intérêt des demandeurs; car, nous ne pouvons considérer comme un fait nouveau la reitération de la demande de MM. de Clapiers devant le Garde des sceaux et le maintien de l'opposition de MM. d'Isoard. A peine est-il besoin d'ajouter que si, en fait, l'opposition de MM. d'Isoard eût été postérieure à l'arrêt de la Cour d'Aix, ce qui n'est pas, cette circonstance n'eût pas rendu l'action plus recevable; car, du moment que la Cour ne considère pas comme un élément d'intérêt juridique la demande à fin d'addition de nom, l'opposition, qui n'est qu'un obstacle au succès de la demande, ne saurait faire naître un intérêt que la demande elle-même n'engendre pas.

Il y a donc identité parfaite dans la situation des parties devant la Cour d'Aix et devant le tribunal, et si, en 1867, la question de propriété du nom n'a pu être tranchée, sur la demande de MM. de Clapiers, faute d'intérêt et de qualité des demandeurs, elle n'a pu l'être en 1868 qu'au mépris de la chose jugée.

Le premier reproche que nous avons adressé au jugement du tribunal d'Aix, se trouve ainsi justifié.

VI. Le second est relatif à l'excès de pouvoir et à la violation des règles de la compétence.

Le tribunal a compris combien était dangereux le terrain sur lequel il s'engageait, et il a cherché à écarter le danger par le motif suivant :

« Attendu que le tribunal n'est pas compétent pour prononcer sur
« les oppositions faites entre les mains de M. le Garde des sceaux;
« qu'il n'a ni le droit ni l'intention de s'immiscer dans les prérogatives
« constitutionnelles du souverain, mais qu'il a droit de compétence
« pour prononcer sur un fait illégitime et préjudiciable d'une partie
« envers une autre. »

Il faut rapprocher de ces motifs le dispositif par lequel le tribunal :
« Se déclare compétent; enjoint à d'Isoard de soulever les oppositions
« par lui faites dans le mois de la signification du présent jugement,
« réservant tous leurs droits aux sieurs de Clapiers, dans le cas où il
« ne le ferait pas. »

Il est difficile de rencontrer une contradiction plus flagrante entre les motifs et le dispositif.

Le tribunal, dans ses motifs, reconnaît son incompétence pour prononcer sur les oppositions ; puis, dans son dispositif, il les déclare mal fondées, et enjoint à d'Isoard de les soulever.

Il semble donc que le tribunal ait pris soin de condamner lui-même sa propre décision.

VII. Il est vrai que dans d'autres motifs, il cherche à justifier sa compétence. Il invoque deux raisons : l'une, empruntée aux principes du droit commun ; l'autre, à un arrêté ministériel du 25 juin 1828.

« D'après les principes du droit commun, dit le jugement, le droit
« au nom constitue une propriété, tout comme les droits que l'on peut
« avoir sur un meuble ou sur un immeuble ; la loi du 6 fructidor,
« an II, a consacré ce principe en édictant qu'aucun citoyen ne pourra
« porter de nom ni de prénom, autres que ceux exprimés dans son acte
« de naissance.

« D'où il suit que le droit à un nom étant une propriété comme une
« autre, c'est devant le tribunal civil que toutes les questions relatives
« à la propriété d'un nom doivent être portées et ont toujours été
« portées. »

Il y a dans cette appréciation du tribunal une grave erreur qui n'a pas peu contribué, sans doute, à l'entraîner hors des limites de sa compétence.

Il n'est pas exact de dire que la propriété d'un nom soit une propriété *comme une autre*, comme celle d'*un meuble* ou d'*un immeuble*.

Le nom est une propriété *sui generis* qui ne peut faire l'objet d'une aliénation à titre gratuit ou onéreux, comme les meubles ou les immeubles. C'est une propriété qui comporte dans la plupart des cas une communauté forcée, et dont le titulaire n'est pas libre de disposer à son gré. C'est une propriété que l'on n'acquiert pas, mais que l'on subit, dont le souverain peut vous imposer le partage, dont il peut vous conférer le bénéfice, ou vous permettre l'abandon. Lorsque le décret du 6 fructidor, an II, a défendu à tout citoyen de porter des noms et prénoms autre que ceux exprimés dans son acte de naissance (art. 1er), le législateur n'a pas entendu assimiler la propriété du nom à celle des autres objets ; au contraire, il a entendu réagir contre une législation funeste qui permettait à chacun de choisir et d'abandonner à son gré ses nom et prénom; il a entendu abroger le décret du **21** brumaire an II, rendu sur la pétition de la citoyenne Goux qui demandait à se nommer Liberté, et aux termes duquel chacun pouvait changer son nom de famille par une simple déclaration devant la municipalité.

On oublie trop que le nom est avant tout et surtout le moyen de reconnaître les personnes, de désigner et fixer leur individualité, que l'ordre public étant intéressé à prévenir les confusions, le souverain auquel est conférée la garde des intérêts généraux a nécessairement un droit de surveillance sur l'usage que chacun entend faire de son nom.

Après avoir distingué les biens-meubles et immeubles dans le titre Ier du livre II, le législateur définit la propriété dans le premier article du titre II, art. 544, « *le droit de jouir et disposer des choses de la manière* « *la plus absolue.*

« Nul ne peut être contraint de cé[der] sa propriété, dit l'art. 545, si « ce n'est pour cause d'utilité publique et moyennant une juste et « préalable indemnité. »

Ces deux caractères principaux de la propriété, dont le premier s'applique aux meubles comme aux immeubles et le second aux immeubles; ces deux caractères, dont l'absence exclut en quelque sorte toute propriété dans le sens légal du mot, font absolument défaut à ce qu'on a appelé la propriété du nom.

Nul ne peut disposer de son nom comme il l'entend; chacun est tenu d'en subir le partage par le fait d'événements indépendants de sa volonté, par le fait même du souverain et cela sans indemnité.

VIII. C'est donc à tort que le tribunal d'Aix a vu dans la propriété du nom une propriété ordinaire, semblable à celle des meubles et des immeubles, confiée comme elle à la garde exclusive de l'autorité judiciaire.

Ce qui est vrai, c'est que le nom constitue un droit ou, si l'on veut, un patrimoine commun que les membres de la famille peuvent défendre devant les tribunaux contre les usurpations des tiers étrangers à la famille.

Mais, si le tiers étranger se présente armé d'un titre du souverain, qui lui confère le nom revendiqué, les tribunaux doivent s'incliner, quel que soit d'ailleurs le droit du revendiquant au nom litigieux.

Ce qui est vrai, c'est que les tribunaux ne doivent nullement s'immiscer dans les questions qui s'agitent devant l'autorité administrative
supérieure au sujet de la collation des noms, à moins que cette autorité
même ne fasse appel à leur intervention et à leur jugement.

IX. Ces principes ont été consacrés par la loi spéciale et par la juris-
prudence, qui établissent la compétence parallèle, mais distincte, des
tribunaux et de l'administration. La loi du 11 germinal an XI a investi
le Gouvernement du droit d'autoriser les changements de nom, sauf
la faculté laissée par l'art. 7 à toute personne y ayant droit, de pré-
senter requête au Gouvernement dans le délai d'un an, à partir de la
publication de l'arrêté autorisant le changement de nom, pour obtenir
la révocation de cet arrêté; cette révocation, dit toujours l'art. 7, sera
prononcée par le Gouvernement, s'il juge l'opposition fondée. S'il n'y
a pas eu d'oppositions, dit l'art. 8, ou si celles qui ont été faites n'ont
point été admises, l'arrêté autorisant le changement de nom aura son
plein et entier effet à l'expiration de l'année.

Ces dispositions ne laissent aucun doute sur le pouvoir qu'a le Gouvernement de conférer un nom et de juger, soit pour l'accueillir, soit
pour la repousser, l'opposition faite par les *ayants droit*, à la collation
du nom. Seulement, c'est par la voie gracieuse que le Gouvernement
confère le nom, c'est par la voie contentieuse qu'il juge l'opposition.

Dans le premier cas, il fait acte d'administration ; dans le second,
acte de juridiction.

Dans les deux cas, les tribunaux doivent rester étrangers à son action,
à moins que lui-même ne provoque leur intervention. Car c'est une
règle de droit public, écrite dans le décret des 16-24 août 1790, tit. II,
art. 13, dans la Constitution du 3 septembre 1791 (ch. v, art. 3), dans
celle du 5 fructidor an III (art. 202 et 203), enfin dans le décret du
16 fructidor an III, que celle qui défend aux tribunaux de troubler en
quoi que ce soit les opérations des corps administratifs et de s'immiscer
dans leurs fonctions.

X. Les exemples sont nombreux, d'affaires dans lesquelles le Conseil d'État, sans même contester le droit de propriété des opposants à
un décret d'autorisation, maintient le nom conféré, parce qu'il ne voit

pas chez les demandeurs de motifs suffisants à l'appui de leur opposition.

(Voir, en ce sens, décrets du C. d'État des 7 juin 1866, de Chamborant, rec. p. 636; 19 juin 1862, Du Plessis, p. 508; 6 août 1861, de Goncourt, p. 689; 5 décembre 1860, d'Aubigny, p. 714, et autres.)

C'est bien vainement qu'en pareil cas les opposants s'adresseraient aux tribunaux pour contester au bénéficiaire le droit de porter le nom dont ils revendiquent la propriété. Les tribunaux devraient s'incliner devant la décision de l'autorité administrative supérieure.

(Voir, en ce sens, les décisions rendues par le tribunal de la Seine, la Cour de Paris, la Cour de cassation et le C. d'État, dans l'affaire de Montmorency, S. 68, 1, 111, Rec. de Lebon, 1866, p. 298).

XI. Ce qui précède ne tend nullement à contester la compétence des tribunaux ordinaires pour apprécier les questions d'État et les droits à tel ou tel nom litigieux, compétence reconnue par l'art. 9 de la loi de germinal an XI, mais à restreindre cette compétence dans ses justes limites.

De même que le Gouvernement ne devrait pas intervenir dans une instance judiciaire engagée entre particuliers au sujet d'une question d'État ou de rectification d'actes de l'état civil, de même les tribunaux ne doivent pas intervenir dans une instance administrative engagée soit devant le Souverain saisi par la voie gracieuse d'une demande d'autorisation et d'une opposition à cette demande, soit devant le Souverain saisi en Conseil d'État par la voie contentieuse d'une opposition au décret d'autorisation.

Le principe de la séparation des pouvoirs s'oppose à une semblable intervention.

Nous faisons une réserve, bien entendu, pour le cas où le Souverain lui-même provoquerait l'intervention et la déclaration des tribunaux.

Tel était le cas prévu par l'arrêté ministériel du 25 juin 1828, sur le sens et la portée duquel nous devons nous expliquer. Car, sur ce point encore, le tribunal nous paraît s'être gravement trompé.

XII. L'arrêté de 1828 est une mesure d'ordre intérieure prise par le Garde des Sceaux tout seul, et qui par conséquent n'a d'autre valeur que celle qu'il plaît à l'administration de lui donner.

Les motifs de cet arrêté en indiquent clairement le but. Il s'agissait d'éliminer un certain nombre de demandes d'autorisations sans fondement, et de débarrasser la Chancellerie de l'encombrement que la multiplicité de ces demandes avait produit.

« Considérant, dit le préambule, que les demandes en changement, « substitution ou addition de noms sont extrêmement multipliées; que « la plupart ne sont appuyées d'autres motifs que le vœu exprimé par « le réclamant, et n'ont pas été d'ailleurs précédées de l'accomplisse- « ment des formalités prescrites pour qu'elles reçoivent la publicité « désirable ; que les motifs allégués à l'appui d'autres demandes n'ont « aucune gravité et dès lors ne sont pas de nature à provoquer l'exer- « cice de la prérogative royale en cette matière ; voulant pourvoir lé- « galement à la *prompte expédition* des demandes de ce genre qui pa- « raîtraient devoir être accueillies; nous avons arrêté et arrêtons :

L'art. 1er porte qu'il ne sera pas donné suite aux demandes qui n'auront pas été précédées de publications, qui n'énonceront aucun motif grave, ou ne justifieront pas de l'intérêt du réclamant.

Les art. 2 et 3 renvoient les autres demandes au Conseil d'État, comité du contentieux, sections réunies, pour avoir son avis.

Enfin, l'art. 4 est ainsi conçu :

« Il sera donné avis aux réclamants des oppositions qui seraient « parvenues dans les bureaux de notre département, à leur demande, « durant les trois mois postérieurs à la publication qu'ils en auront « faite par la voie des journaux. *Dans cet état de choses*, il sera sursis « à toute instruction et à toute décision jusqu'à ce que les parties inté- « ressées se soient entendues pour faire cesser l'opposition, ou qu'il « ait été statué sur cette opposition en justice réglée, le tout sans pré- « judice du droit d'opposition réservé par l'art. 62 de la loi du 1er avril « 1803 (11 germinal an XI). »

On voit qu'il s'agissait bien, dans la pensée du Garde des sceaux, de se décharger, soit sur le Conseil d'État, soit sur les tribunaux, d'une partie du fardeau que lui imposait la multiplicité des demandes d'autorisation.

XIII. Mais dans quel cas les tribunaux pouvaient-ils connaître des oppositions? Dans quel cas était-il sursis à toute instruction et à toute décision ?

Dans le cas seulement où la Chancellerie *donnait avis aux réclamants des oppositions parvenues dans ses bureaux*. Il sera *donné avis*, dit l'art. 4; *dans cet état de choses*, etc.

Le rapprochement de ces mots ne permet pas de mettre en doute la condition à laquelle était subordonnée l'intervention des tribunaux qui, nous le répétons, n'était qu'un moyen d'alléger l'administration d'une partie de son fardeau.

Aucun avis n'ayant été donné par la Chancellerie à MM. de Clapiers des oppositions formées par M. d'Isoard, le tribunal ne se trouvait pas dans le cas prévu par l'art. 4 de l'arrêté ministériel, et il ne pouvait statuer sur des oppositions dont le Gouvernement s'était ainsi réservé le jugement.

XIV. Mais à supposer cette première objection écartée, à supposer que l'arrêté du 25 juin 1828 donnât compétence au tribunal, ce ne pouvait être qu'à la condition que cet arrêté fût encore en vigueur et appliqué par l'administration. Or l'administration, par l'organe de M. le Garde des sceaux, a formellement déclaré au tribunal que l'arrêté du 25 juin 1828, ne recevait depuis longtemps aucune exécution. (Voir la lettre du Garde des sceaux au Procureur impérial.) Qu'en droit comme en fait l'action de MM. de Clapiers était sans portée comme sans intérêt, etc.

Le tribunal pouvait-il aller à l'encontre de cette déclaration et donner à l'arrêté ministériel la valeur dont M. le ministre lui-même le destituait ?

Non évidemment, car, nous l'avons dit, l'arrêté du 25 juin 1828, émané du Ministre seul en vue d'une situation qui n'existe plus, n'est qu'une mesure d'ordre intérieur qu'il dépend de l'administration supérieure d'appliquer ou d'écarter. Les tribunaux ne peuvent lui donner la force d'une loi ou d'un règlement, car il est dépourvu de tout caractère législatif.

C'est donc à tort que le tribunal a prétendu, contrairement aux observations de M. le Garde des sceaux, faire l'application d'un arrêté ministériel, inapplicable et déclaré tel par l'autorité compétente.

Il aurait dû ne s'y point arrêter, et suivre l'exemple de la Cour de cassation dans son arrêt précité du 20 avril 1868 (voir p. 4).

XV. En résumé, le jugement du 14 décembre 1868 nous paraît devoir être réformé, tant à raison de la violation de l'autorité de la chose jugée, qu'à raison de la violation des principes de la compétence et de la séparation des pouvoirs.

Délibéré à Paris, le 28 février 1869.

A. BELLAIGUE,

Docteur en droit, avocat au Conseil d'État et à la Cour de cassation.

PARIS. — IMPRIMERIE V. GOUPY, RUE GARANCIÈRE, 5.

www.ingramcontent.com/pod-product-compliance
Lightning Source LLC
Chambersburg PA
CBHW050428210326
41520CB00019B/5832